Struktur des Strafprozesses.

Von

Adolf Wach.

Sonderabdruck aus der Festgabe der Leipziger Juristenfakultät
für Dr. Karl Binding.

München und Leipzig.
Verlag von Duncker & Humblot.
1914.

Struktur des Strafprozesses.

Von
Adolf Wach.

Teurer Freund!

Diese Blätter sollten an dem Tage, an dem sich das halbe Jahrhundert Deines wissenschaftlichen Wirkens vollendete, in Deinen Händen sein. Äußere Umstände haben es verhindert. Nimm die Nachzügler nachsichtig auf. — Du hast dem Strafprozeß fortgesetzt Dein wissenschaftliches Interesse zugewendet, wenn auch die Welt in Deinen strafrechtlichen Arbeiten Dein unvergängliches Lebenswerk sieht. Deine Erstlingsarbeit leuchtete in das dunkle Gebiet der inquisitorischen Elemente des spätrömischen Prozesses hinein. Und eine Deiner letzten literarischen Äußerungen, die programmatische Einführung eines neuen Organs der Prozeßwissenschaft, beklagt die stiefmütterliche wissenschaftliche Behandlung des Strafprozesses im Verhältnis zum Strafrecht. Gewiß, er hat lange von den Brosamen gelebt, die vom Tische des Zivilprozesses fielen; — und die sind ihm überdies nicht immer gut bekommen. Das veranlaßt mich, in den folgenden Blättern lange erwogene Gedanken über die Struktur des Strafprozesses niederzulegen. Wird Dir in ihnen viel schon Gesagtes begegnen, so diene zur Entschuldigung, daß die Wahrheit immer wieder und so lange gesagt werden muß, bis sie das Feld behauptet, mag es ihr durch formale Betrachtungsweise, insbesondere ungesunde, methodisch verwerfliche Übertragung zivilprozessualer Begriffe auf das eigenartige Gebilde des Strafprozesses bestritten werden, oder mag ihr eine engherzige Überlieferung in Gesetz und Praxis widerstehen.

Die Geschichte des Strafprozesses ist ein ergreifendes Dokument menschlichen Irrens im Suchen nach Wahrheit und Gerechtigkeit. Unter ihrem Namen ein Meer von Ungerechtigkeit! Im Verfolg des edelsten, heiligsten Zweckes ein erschütternder Mißbrauch verwerflicher Mittel: am abschreckendsten in der Verbildung des kanonischen Inquisitionsprozesses, die sich die inquisitio haereticae pravitatis nennt und der Religion erlösender Liebe durch Zwang und Vernichtung grausam Opfer brachte. Kein Zweifel, daß das vielgeschmähte Beweissystem der Carolina ernstlichst auf die Feststellung der Wahrheit und den Schutz der Unschuld Bedacht nahm: Indizien sind nicht genugsam zur Verurteilung, sie mögen noch so schlüssig sein und für heute unbedenklich ausreichen. Mit aller Sorgfalt verbaut die Carolina die Verurteilung auf künstlichen Beweis. Also Freispruch, wenn es am direkten Beweis der Missetat durch Zeugen oder das glaubwürdige freiwillige Geständnis fehlt? Unmöglich! Das hieße die Gesellschaft dem Verbrecher preisgeben. Daher die peinliche Frage des hartnäckigen Leugners. So schafft man das Böse, während man das Gute will. Alle Mißbräuche des gemeinrechtlichen Strafprozesses fließen aus gleicher Quelle. Überall Wahrheit und Gerechtigkeit das Ziel und eine Mißbildung der Rechtspflege die Frucht, ein Produkt, verderblicher als ein schlechtes Strafrecht. Wir würden uns täuschen, glaubten wir uns frei von solchen Irrungen.

I.

Wenn, was niemand bestreiten kann, der Prozeß nur Mittel zum Zwecke der Bewährung des materiellen Rechtes ist, so folgt unabweisbar, daß er, das formale Recht, sich diesem Zweck, der Natur des materiellen Rechtes, anbequemen muß. Es ist der

Geist, der sich den Körper baut. Man kann keinen verhängnisvolleren methodischen Fehler begehen, als in Verkennung dessen den Prozeß aus sich heraus formalistisch zu konstruieren. So begründet die tiefgreifende Differenz der Zivilsache und der Strafsache einen unüberbrückbaren Gegensatz der beiden Prozesse; jeder Versuch, den Strafprozeß zivilprozessualisch oder den Zivilprozeß strafprozessualisch zu gestalten, führt zur Degeneration. Darüber darf man sich nicht hinwegtäuschen mit der Begriffsjurisprudenz entnommenen Argumenten, wie dem „Prozeßrechtsverhältnis" hier wie dort; aber auch nicht mit Mißachtung der angeblich abgegriffenen Münze der Verhandlungsmaxime oder mit der moralisierenden Redensart, daß es doch hier wie dort gelte, der Gerechtigkeit und Wahrheit zum Siege zu verhelfen. Was ist gerecht? Was dem Recht entspricht. Kann, wenn die rein publizistische Strafberechtigung nach Grund, Inhalt und Zweck dem Zivilrecht gegensätzlich ist, beiden die gleiche Form der Bewährung entsprechen? Wird doch, charakteristisch genug für die abgelehnte Unklarheit, von den einen die Umbildung des Strafprozesses nach zivilprozessualem Muster, dagegen von den anderen die des Zivilprozesses nach strafprozessualem empfohlen.

Wäre Offizialverfolgung in Zivilsachen möglich? Wäre es angängig, dem Anerkenntnis des Beklagten aus Wahrheitsbedenken die Feststellungskraft und Eigenschaft der den Richter bindenden Urteilsgrundlage im Zivilprozeß zu versagen oder ihm umgekehrt solche im Strafprozeß beizumessen? Ließe sich in diesem ein rechtswirksamer Verzicht des Anklägers auf den Strafanspruch denken oder im Zivilprozeß die Wirkungslosigkeit des Anspruchsverzichts konstruieren? Von einer Herrschaft der Parteien über den Prozeßgegenstand mit der Folge der Herrschaft über den Prozeßstoff, wie die Natur der Zivilsache sie ergibt, ist im Strafprozeß grundsätzlich nicht die Rede. Könnte man in ihm dem bewußt unwahren Geständnis Feststellungskraft beilegen oder sie demselben im Zivilprozeß entziehen? Ließe sich im Strafverfahren bei der Feststellung der Wahrheit mit Vermutungen, Fiktionen,

Verteilung der Beweislast und ihren Folgen der Beweisfälligkeit operieren? Das „Unmöglich" als unausweisliche Antwort auf solche und ähnliche Fragen zeigt die durch die Natur der Sache bedingte Wesensverschiedenheit der Prozesse. Das ist alte Wahrheit und soll im folgenden nicht näher erörtert werden. Dagegen will ich versuchen, die Grenzen der Annäherungs- und Ausgleichungsfähigkeit beider Prozeduren und die Mängel unseres heutigen Strafprozesses festzustellen, die aus einer Übertreibung seiner Eigenart zum Schaden der Gerechtigkeit hervorgehen.

II.

Der Ausgangspunkt ist das gegebene Recht, nicht eine denkbare, sondern die wirkliche, in Jahrhunderte alter Geschichte erwachsene, unserer Kultur und Rechtsüberzeugung entsprechende Natur der Strafsache und Strafverfolgung. Die Strafsache als das rein publizistische, um des Gemeinwesens willen bestehende und zu wahrende Recht auf öffentliche Strafe fordert die Bewährung von Staatswegen. Sie kann grundsätzlich nicht der Willkür des einzelnen, sei es des Verletzten oder eines gewillkürten Vertreters aus dem Volke überlassen bleiben. Wir lehnen die Privatklage wie die Popularklage als die regelmäßige Form der Strafverfolgung ab. Sie ist Staatspflicht. Der Staat ist das Subjekt der Strafberechtigung und der Strafverfolgung, der Anklage und der Aburteilung. Der inquisitorische Prozeß des gemeinen Rechts war daher nichts weniger als prinzipwidrig. Wohl wurde die psychologische Inkompatibilität der im Gericht geeinten rechtsverfolgenden und aburteilenden Funktion zur eminenten Gefahr der Gerechtigkeit. Völlige Entartung des Prozesses war die Folge. Sie kann nur vermieden werden durch die organisatorische Trennung jener Funktionen; aber nicht erst dadurch entsteht Prozeß.

Es ist eine Petitio principii, daß der Prozeß ein Actus legitimus trium personarum, daß er Parteiprozeß sein müsse. Auch das formell-inquisitorische Verfahren des gemeinen Rechts war Rechtspflegeform, die Bewährung des Strafrechts durch staatliche Gerichtsbarkeit in den Formen Rechtens gegenüber dem Inquisiten als der Partei. Und wenn heute die akkusatorische Form gilt, so gilt sie nicht, um erst dadurch Strafrechtspflege oder ihr den Titel des Prozesses zu schaffen, sondern weil sie heilsamer und gerechter ist.

Der wesentliche Punkt ist schon angedeutet: die psychologische Inkompatibilität der strafverfolgenden und urteilenden Funktion und die Entartung der Rechtspflege durch ihre Vereinigung. Der Verdacht beraubt der wichtigsten Freiheitsrechte. Der Inquisit ist nicht Subjekt, sondern Objekt. Die Rechtsstellung des noch nicht Überführten geht unter in seiner Eigenschaft als Wahrheitserforschungsmittel. Die richterliche Verfolgung raubt dem Richter die für die Erkenntnis der Wahrheit unerläßliche Objektivität, treibt ihn, der da „unparteiisch" des Rechtes pflegen soll, in die einseitige Rolle des Überführungssüchtigen. Das alles ist längst erkannt und der Grund der heutigen akkusatorischen Form. Aber sie hat weder zu einem vollen Zweiparteienverhältnis, noch zur scharfen Scheidung der richterlichen und parteilichen Tätigkeit geführt. Der Prozeß ist auch heute materiell inquisitorisch in akkusatorischer Form: ein Zusammenwirken von Gericht und öffentlichem Ankläger zur objektiven Wahrung der Gerechtigkeit. Das mag — zunächst unter Ausschaltung der Privatklage — beleuchtet werden.

Die Parteiengleichheit, ja das Zweiparteienverhältnis, als ein dem Gericht fremdes prozeßrechtliches Verhältnis zweier in gegensätzlicher Rechtsstellung befindlicher Subjekte ist für den Prozeß auf öffentliche Klage eine Phrase. Wir sind von der Parteiengleichheit himmelweit entfernt. So ist es zufolge der dem öffentlichen Ankläger zukommenden behördlichen, auf die Wahrung der objektiven Gerechtigkeit zugeschnittenen Stellung, und der Eigenschaft des Beschuldigten nicht nur Partei, d. h. das passive Subjekt der Strafverfolgung, sondern gleichermaßen Wahrheitserforschungsmittel und Vollstreckungsobjekt zu sein.

Daß der Staatsanwalt anklagt und nicht angeklagt werden kann, daß es gegen ihn nicht, wie im Zivilprozeß, eine Widerklage, also auch keine Verurteilung gibt, charakterisiert wohl, bedeutet aber keine Ungleichheit der Parteien. Diese Wesensdifferenz der Parteirollen, die begriffliche Verschiedenheit des Angreifers und des Angegriffenen ist etwas durch die Natur der Sache Gegebenes und dem Zivil- wie dem Strafprozeß eigen. Aus ihr folgt der favor defensionis im Zivilprozeß, der Sieg des Beklagten, falls der Kläger nicht beweist (actore non probante reus absolvitur), das „in dubio pro reo" im Strafprozeß, der Ausschluß der Verteilung der Beweislast, die Verurteilung nur auf Grund wahrheitsgemäßer Feststellung der Schuld. Das, was wir Gleichheit der Parteirollen nennen, ist formaler Natur, bedeutet die Gleichheit der prozessualen Rechte und Pflichten zur Wahrung der Parteistellung — vergleichbar den auf gleichem Boden mit gleichen Waffen streitenden Kämpfern. Davon ist heute im Deutschen Strafverfahren auf öffentliche Klage keine Rede.

Der Staatsanwalt ist die hohe, staatliche Obrigkeit. Wie schon das Wort sagt: amtlicher Vertreter des Staates — und zwar des Staates als der beherrschenden Macht, nicht als eines dem Gegner koordinierten Subjekts. Er steht nicht mit ihm auf gleichem Boden. Wie er auf dem haut pas neben dem Gericht thront, unter sich auf der Anklagebank den Angeklagten und auf dem Parkett den plädierenden Verteidiger, so ist seine Rechtsstellung über die des Gegners erhaben. Er repräsentiert die gerichtsherrliche Behörde, ist nicht Person. Der einzelne Staatsanwalt ist fungibel, sein Wechsel nicht Parteienwechsel, nicht Sukzession in die Parteienrolle. Kraft des Prinzips: „le ministère public est un et indivisible" ist es die einheitliche Behörde, die Staatsanwaltschaft, die anklagt. Der einzelne Ankläger ist ihr variabler Funktionär. Begreiflich und vor aller Augen, daß ihr ein Übergewicht, ja eine qualitative Verschiedenheit gegenüber dem Beschuldigten zukommt.

Die Machtmittel der Staatsanwaltschaft sind unvergleichlich. Sie ist das Haupt der gerichtlichen Polizei; die Beamten des Polizei- und Sicherheitsdienstes sind ihre Hilfsorgane, ihren Anordnungen unterworfen (GVG. § 153, StPO. § 159). Sie übt Zwangsgewalt in ausgedehntem Maße. Sie verfügt Beschlagnahmen (StPO. § 98), Durchsuchungen der Person, auch des Beschuldigten, der Sachen, der Wohnung (StPO. § 105); sie verhaftet (StPO. § 127 Abs. 2), sie vollstreckt (StPO. § 483), erläßt Vorführungs- oder Haftbefehle, Steckbriefe (StPO. §§ 489, 131); sie „verlangt" zwecks Ermittlung des Sachverhalts zwingend von „allen öffentlichen Behörden" Auskunft (StPO. § 159). Was kann dem der Beschuldigte entgegensetzen? Vergeblich nährt man den schönen doktrinären Wahn, als ob das ja alles im eigentlichen Prozeß, nämlich der Hauptverhandlung, bedeutungslos sei. Nicht nur sie, sondern auch das ganze, durch die Strafprozeßordnung geregelte Vorverfahren, die „gerichtliche Voruntersuchung", ja selbst die „Vorbereitung der öffentlichen Klage" ist Prozeß. Auch in diesem Stadium gibt es einen „Beschuldigten", der als solcher gerichtlich vernommen wird und Parteirechte übt, Anträge stellt (StPO. § 164), einen Verteidiger haben, an Beweiserhebungen teilnehmen kann (StPO. § 167) und dergleichen mehr. Und vollends die Strafvollstreckung. Sie sollte nicht Prozeß sein? Ist sie nicht so recht eigentlich die Bewährung des Strafrechts? Mit welchem Schein des Rechts wollte man behaupten, daß die Zwangsvollstreckung nicht ein Teil des Zivilprozesses sei? — Ich wiederhole: was kann dieser prozessualen Rechtsmacht des Staatsanwalts der Beschuldigte entgegenstellen?

Und wie steht es im übrigen mit der „Parteiengleichheit"? Fast genügt als Antwort das Bild des in Untersuchungshaft befindlichen Angeschuldigten, dem die äußeren Hilfsmittel abgeschnitten, der Verkehr mit der Außenwelt, selbst mit seinem Verteidiger — wovon noch die Rede sein wird —, verschränkt sind, und das des frei schaltenden und waltenden Staatsanwalts. Aber auch außer diesem Rahmen: wo ist das erste und wichtigste Parteirecht „zu hören" vor der Hauptverhandlung? „Der Staatsanwalt kann stets von dem Stande der Voruntersuchung durch Einsicht der Akten Kenntnis nehmen" (StPO. § 194); die Akten des Ermittlungsverfahrens sind die seinen; da liegt ihm alles offen. Für den Beschuldigten gibt es kein Recht auf Akteneinsicht! In wie engen Grenzen hier die Aktenkenntnis des Verteidigers nachhelfen kann, wird später erörtert. Selbst im Zwischenverfahren, wenn es sich um die Eröffnung des Hauptverfahrens handelt, bleibt dem Angeschuldigten verborgen, was ihm nicht durch die Anklageschrift kund wird. So kämpft er halb geblendet gegen den machtvollen, alles überschauenden Gegner.

Und nun ist er Auskunftsperson, Augenscheinsobjekt und eventuelles Vollstreckungsobjekt. Man „vernimmt" ihn. Man übt gegen ihn Erscheinungs- und Besichtigungs- und Beobachtungszwang (StPO. § 81); er darf sich dem Auge des Gerichts nicht entziehen. Man verhaftet ihn, sei es wegen Kollusions- oder Fluchtgefahr. Mit einem Wort: die Parteiengleichheit ist Phrase.

Aber Phrase ist überhaupt das Zweiparteienverhältnis im Strafprozeß. Das bedarf genauerer Betrachtung.

III.

Die Antithese zweier Parteien als gegensätzlicher Sachinteressenten, des Strafverfolgenden und des Verfolgten, der Subjekte der Strafberechtigung und der Strafverpflichtung, wenn man so sagen darf, hat in unserem Strafprozeß aus schon angegebenem Grunde keinen Boden. Solch materielles Zweiparteienverhältnis existiert nicht, weil der Staat das alleinige strafverfolgende und aburteilende Subjekt ist; und es läßt sich nicht künstlich herstellen dadurch, daß man dem Staatsanwalt ein ausschließlich egoistisches Sachinteresse beimißt. Die Wahrung der Gerechtigkeit drängt ihn mit zwingender Gewalt in eine damit unvereinbare Position. Die richtig verstandene Parteistellung verträgt sich damit, daß der Staatsanwalt nur den wohl begründeten Angriff führt, und daß er Blößen des Gegners nur loyal benutzen darf; aber sie ist aufgegeben, sobald er zum Verteidiger des Gegners wird. Man denke einen Zivilprozeß, in dem der Kläger seine eigene Abweisung beantragt oder zugunsten seines Gegners Verteidigungsmittel vorbringt, Rechtsmittel einlegt oder die Wiederaufnahme betreibt. Und doch ist dies der Typus des Strafprozesses.

Der Staatsanwalt beantragt am Schlusse der Voruntersuchung, den Angeschuldigten außer Verfolgung zu setzen (StPO. § 206). Er hat nicht nur die Belastungs-, sondern auch die Entlastungsbeweise zu beschaffen (StPO. § 158 Abs. 2). Er kann und soll am Schlusse des Hauptverfahrens zugunsten des seiner Überzeugung nach schuldlosen Angeklagten plädieren und seine Freisprechung beantragen. Er kann zugunsten des Verurteilten Rechtsmittel einlegen (StPO. § 338 Abs. 2) und die Wiederaufnahme beantragen (StPO. § 405). Ließe sich allenfalls der erste und dritte Satz auf die Gebundenheit des Anklägers an den Prozeß, den Ausschluß der Klagzurücknahme und darauf zurückführen, daß man sich von der Haltlosigkeit der Klage überzeugt habe, so ist die Pflicht zur Beschaffung der Entlastungsbeweise bereits reines Vertreten gegnerischen Interesses. Und vollends trifft das zu bei dem Rechtsmittelangriff und dem Antrag auf Wiederaufnahme gegen die Verurteilung. Von gegnerischer Parteirolle ist da schlechterdings keine Spur mehr. Der Staatsanwalt ist im Anklägergewand Verteidiger; er ist der objektive Funktionär des Gesetzes.

Aber noch auf anderem Wege ergibt sich, daß das sogenannte Zweiparteienverhältnis ein doktrinärer Selbstbetrug ist. — Es fordert mit der Dreisubjektivität im Prozeß ein von den Parteien geschiedenes, ein unparteiisches Gericht. Wir verkünden als selbstverständlichen Fundamentalsatz unseres „akkusatorischen" Prozesses: „nemo iudex sine accusatore" und in einem Atem machen wir das Gericht zum Ankläger. Es zwingt den Staatsanwalt zur Anklage; sein, des Gerichtes, Beschluß bildet die Anklage.

Dieser Gerichtszwang setzt ein im Ermittlungsverfahren. Der

Verletzte[1] beantragt beim Staatsanwalt die Strafverfolgung — wobei keineswegs nur an Antragsdelikte zu denken ist. Der Staatsanwalt „gibt dem Antrag keine Folge", oder er „verfügt nach dem Abschluß der Ermittlungen die Einstellung des Verfahrens" (StPO. § 169). Der Antragsteller beschreitet den ihm durch die StPO. § 170 Abs. 1 vorgezeichneten Beschwerdeweg. Das Gericht „erachtet den Antrag für begründet" und beschließt „die Erhebung der öffentlichen Klage" (§ 173). Die Anklagebehörde wird zum Instrument des Gerichts; nicht ihr, sondern des Gerichtes Wille entscheidet; das Gericht klagt an! Der anklagende Staatsanwalt ist Figurant in seinen Händen. — Es ist bekannt, daß diese dem Legalitätsprinzip dienende Maßnahme ohne große praktische Bedeutung ist. Auf das Wesen der Sache wirft sie grellstes Schlaglicht.

Der Staatsanwalt erhebt die öffentliche Klage; er tut es durch den Antrag auf Eröffnung der Untersuchung, sei es der Voruntersuchung oder des Hauptverfahrens (StPO. §§ 151, 155, 196, 197); „der Voruntersuchung" unlogisch genug, denn so wird der Beschuldigte nur ein „Angeschuldigter", und erst die Eröffnung des Hauptverfahrens macht ihn zum „Angeklagten[2]". Ob es dazu auf Grund der Voruntersuchung kommen wird, steht noch aus, hängt von der Entscheidung des Gerichts ab. Und diese kann wider Willen des Staatsanwalts bejahend lauten. Der Staatsanwalt beantragt, den Angeschuldigten „außer Verfolgung zu setzen" (StPO. § 206), reicht also keine „Anklageschrift ein", das Gericht aber beschließt die Eröffnung des Hauptverfahrens. Dann hat die Anklagebehörde „eine dem Beschlusse entsprechende Anklageschrift einzureichen". Wiederum ist die Staatsanwaltschaft Instrument in den Händen des Gerichts, nicht ihre pflichtmäßige

---

[1] Der Beschluß der Kommission des Reichstags zum Entw. der StPO. § 177 sagt besser: „Die Person, die daran ein berechtigtes Interesse hat."
[2] Dabei blieb der Entw. der StPO. 1908 § 175; die Kommission des Reichstags aber hat korrekter nur den Antrag auf Eröffnung des Hauptverfahrens als Erhebung der Klage gelten lassen.

Struktur des Strafprozesses. 13

Überzeugung und ihr Wille, sondern die Meinung und der Wille des Gerichts entscheidet. Das Gericht klagt an.

Und tut es das nicht eigentlich formell in allen Fällen kraft seines Eröffnungsbeschlusses? Wird doch dieser und nicht die Anklageschrift die Basis der Hauptverhandlung; sie wird verlesen, sie bezeichnet die res in iudicium publicum deducta, über sie wird nach Maßgabe des in der Hauptverhandlung entwickelten Prozeßstoffes geurteilt. „Gegenstand der Urteilsfindung ist die in der Anklage bezeichnete Tat" (StPO. § 265), und diese „Anklage" ist der Beschluß des Gerichts, nicht die Anklagehandlung des Staatsanwalts.

In der Hauptverhandlung beantragt der Ankläger den Freispruch, das Gericht verurteilt. Es beschafft selbst Belastungsbeweise und arbeitet so möglicherweise pflichtgemäß fortgesetzt für die Anklage. Der Ankläger tritt ihr entgegen oder wird zum promotor inquisitionis.

Vollends erscheint er in dieser Rolle in der Voruntersuchung. Hier ist der Untersuchungsrichter tatsächlich und rechtlich der eigentliche, man könnte sagen der alleinige Dominus litis.

Wo bleibt das vom unparteiischen Gericht geschiedene Zweiparteienverhältnis? Es lebt im Begriffshimmel der Scholastik[1].

---

[1] Sehr viel unverhüllter tritt das alles im Militärstrafprozeß hervor, nur daß hier nicht die Prävalenz des jurisdiktionellen über das gerichtsherrliche Moment, sondern die des letzteren über das erstere den Kern bildet. Es genügt zum Beweis, die Rechtsstellung des Gerichtsherrn zu kennzeichnen. Er „hat", er „übt" Militärstrafgerichtsbarkeit (MStGO. § 25, § 12); er ernennt Vorsitzende, Beisitzer der Standgerichte und ihre Vertreter; er beruft für den einzelnen Fall die Richter „im Feld und an Bord", wie er die Richter=Offiziere der Kriegsgerichte und Oberkriegsgerichte beruft (§§ 41, 44, 53, 68), und ihm die richterlichen Militärjustizbeamten zugeordnet sind (§ 13 Abs. 3). Soweit diese nicht als erkennende Richter tätig sind, unterwirft sie das Gesetz den Weisungen des Gerichtsherrn (§ 97). Er ist es, der das Ermittlungsverfahren anordnet (§ 156), den Untersuchungsführer ernennt (§§ 156, 159), durch ihn den Sachverhalt ermitteln, den Beschuldigten vernehmen läßt, diesen einstweilig vom Dienst enthebt, seine Untersuchungshaft anordnet (§§ 174 f.) — Er entscheidet über die Strafverfolgung, erhebt die Anklage mit der Wirksamkeit des Eröffnungsbeschlusses und der Notwendigkeit der Aburteilung in der Hauptverhandlung (§§ 243, 245, 250, 254 f., 258, 260). Er befiehlt

Alles das wird begreiflich als Folgerung aus der Natur der Straffache, daraus, daß der Staat, der die Gerechtigkeit ist, strafverfolgend und aburteilend nur ein Ziel, das der Wahrheit und Gerechtigkeit erstrebt, also auch seine anklagenden und richtenden Organe sich gegenseitig als objektive Funktionäre des Gesetzes in die Hände arbeiten läßt.

IV.

Das Leben kann man nicht in eine Formel fassen. Aus einem Prinzip errichtet man kein Rechtsgebäude. Der aus der Natur der Straffache entwickelte Offizialgedanke im Sinne der Offizialverfolgung und Offizialermittlung (Wahrheitserforschung), führt je nachdem zum Inquisitionsprozeß mit allen seinen Ausartungen, wie zum formell akkusatorischen Verfahren unter Verleugnung der Parteienrechte des Beschuldigten, zu einer inquisitio cum promovente oder zur accusatio cum inquirente. Nicht jedes Mittel ist zum gerechten Zweck gerecht. Es gilt, die sich durchkreuzenden berechtigten Interessen zu wahren und das Mittel auf diesen seinen Wert zu würdigen, damit nicht, wer das Gute will, das Böse schafft. Davon ging ich aus; — und ich meine, daß das geltende Recht einer von diesem Ausgangspunkt geübten Kritik nicht standhält. Wir müssen dem Offizialbetrieb den dem Rechtsstaat fundamentalen Gedanken der Freiheit der Person, die Achtung vor ihren Gütern und Rechten entgegenstellen. Dann werden wir sehen, daß erst die Befolgung beider Postulate eine wahrhaft befriedigende, gerechte Rechtspflege gewährleistet.

Bevor ich darauf näher eingehe, weise ich die Vorstellung zurück, als könnte das erreicht werden durch umfangreicheres Ausschalten des Offizialprinzips, sein Opfern zugunsten der Privatklage oder gar der Popularklage. Jene läßt sich überhaupt nur denken, wo ein Privater durch Verbrechen verletzt ist, und stellt

---

den Zusammentritt des erkennenden Gerichts (§ 261); bei ihm stellt der Angeklagte seine Beweisanträge vor der Hauptverhandlung; er verfügt über sie (§ 269)!

prinzipwidrig dessen Privatwohl über das des Staates, überläßt das Wohl des Ganzen der Willkür des einzelnen. Das ist eine Anomalie, die man sich nur in besonderen Fällen gefallen lassen kann, ja die sich in solchen empfehlen mag. Gewiß ergibt sich hier ein Zweiparteienverhältnis zwischen dem gewillkürten Vertreter des Staates, dem Privatkläger und dem Beschuldigten, ein Dominium litis des ersteren (§§ 431, 503), für das man aber die Korrektur sucht in der Berechtigung der Staatsanwaltschaft, zu klagen oder den Prozeß zu übernehmen, wenn dies „im öffentlichen Interesse liegt", und das nur erträglich wird bei Eindämmung der Privatklage. Von einer Verallgemeinerung darf nicht die Rede sein, wennschon eine vorsichtige Ausdehnung auf — wenn ich so sagen darf — Gefühlsdelikte, ähnlich der Beleidigung, denkbar ist. Die Kommission empfahl die Privatklage über ihr jetziges Anwendungsgebiet hinaus, von Körperverletzungen und einfacher Sachbeschädigung abgesehen, bei Hausfriedensbruch, Bedrohung, und den Übertretungen StGB. § 370 Nr. 5, 6; und dem folgte der Entwurf (§ 377) unter Billigung der Reichstagskommission, aber unter erheblicher Vermehrung der Tatbestände (StGB. § 299, alle Vergehen gegen das Autorrecht)[1].

Unmöglich ist die Popularklage. Sie mag fortleben, wo sie durch lange Gewöhnung eingebürgert ist. Eine Übertragung auf Deutschland ist ausgeschlossen.

So kehre ich zurück zur Kritik unseres Rechts von jenen beiden Postulaten des Offizialprinzips und des Freiheitsgedankens aus.

V.

Die Notwendigkeit der Strafrechtspflege bedingt ohne weiteres Opfer des Einzelnen, eine gewisse Gebundenheit der Person des Verdächtigen. Er muß sich die Rolle des Angeklagten, die Ver-

---

[1] Dagegen sind die §§ 370 Nr. 5 und 6 gestrichen. Dabei spielte die Durchbrechung des Legalitätsprinzips eine Rolle.

setzung in den Anklagezustand mit allen aus ihm tatsächlich und rechtlich folgenden Nachteilen gefallen lassen. Doch suchen wir hier Schutz gegen grundlose Anklagen, gegen Voreingenommenheit, Oberflächlichkeit und Willkür durch den Grundsatz, daß der genugsame Verdacht, gleich den formalen Voraussetzungen des Prozesses (Hauptverfahrens), vom Gericht zu prüfen ist, daß also nicht, wie im Zivilprozeß, die nackte Behauptung des Angreifers (Klagenerhebung) zur Prozeßbegründung genügt, sondern der Richterakt das Hauptverfahren eröffnet. Erst damit ist „iudicium publicum rite ordinatum"; vorher handelt es sich darum, ob diese ordinatio iudicii statthaft ist. Darin liegt ein starker Schutz der persönlichen Freiheit. Allein bereits im Stadium des Verfahrens „de ordinando iudicio" ist hier, wie im Zivilverfahren, Prozeß, haben wir einen Beschuldigten, den das Gesetz, wenn die Voruntersuchung beantragt und eröffnet ist, den „Angeschuldigten" zu nennen beliebt. Nur muß mit aller Entschiedenheit betont werden, daß, wie auch immer dieses Vorverfahren genannt und geführt wird, seine Form oder Formlosigkeit, insbesondere die Betätigung des Untersuchungsrichters schlechterdings kein Grund sein kann, um die Freiheit der Person, ihre Rechtsstellung als Partei zu schmälern. Dafür gibt es keine andere Begründung als die, daß andernfalls das Walten der Gerechtigkeit, die Feststellung der Wahrheit oder die eventuelle Strafvollstreckung vereitelt würde und daß solches ein größeres Übel wäre, als der Eingriff in die Rechte der Person. Hierbei kann es sich immer nur handeln um die Beweisverkümmerung durch Entziehen oder Verderben von Beweismitteln und um die Entziehung von Vollstreckungsobjekten, sei es des Vermögens, sei es der eigenen Person.

Das positive Recht legt dem Beschuldigten gemäß der Überlieferung die ausnahmslose Editionspflicht auf; er muß alles, was er an Beweismitteln hat, gegen sich selbst dem Gericht zugänglich machen und seine eigene Person als Augenscheinsobjekt edieren. Man durchsucht seine Person, seine Wohnung, seine Papiere, man bemächtigt sich seiner, hält ihn fest, läßt ihn in einer Irrenanstalt beobachten. Das allerdings abgestuft. Jener Editionszwang besteht gegen den Verdächtigen als solchen auch vor der Beschuldigung bei Gefahr im Verzug; die Beobachtung in einer Irrenanstalt greift gemäß § 81 nur gegen den „Angeschuldigten" Platz. Die Festnahme des Verdächtigen ist generell wegen Fluchtverdachts zulässig — gleichviel, ob sich der Fluchtverdächtige der Bestrafung oder seiner Verwertung als Beweismittel entziehen will; die Untersuchungshaft aber findet nur gegen den dringend verdächtigen Angeschuldigten statt. An all dem ist nicht zu rütteln. Und so mag auch der umstrittene Haftgrund der drohenden Beseitigung von Beweismitteln durch Vernichtung von Verbrechensspuren oder Kollusion grundsätzlich berechtigt erscheinen. Ich halte ihn praktisch eher für schädlich als nützlich, und vertrat diese Meinung, nicht ohne Zustimmung, in der Strafprozeßkommission. Nur ist zu fordern, daß bei jedem derartigen Eingriff in die Freiheit und die Rechte der Person die mit der Sicherheit der Strafverfolgung vereinbaren engsten Grenzen innezuhalten sind. Das gilt insbesondere von der Haft. In diesem wichtigen Punkt überschreitet die Strafprozeßordnung das verständige Maß. Das ist unbestreitbar. Willkürlich und verwerflich wird der die Untersuchungshaft rechtfertigende Fluchtverdacht präsumiert in § 112 Abs. 2. Wie kommt man dazu, einen Angeschuldigten, der tatsächlich sich der Strafverfolgung nicht entziehen will, ohne weiteres der Freiheit zu berauben und ihn damit schweren persönlichen und wirtschaftlichen Nachteilen zu unterwerfen und seine Verteidigungskräfte zu lähmen. Derartiges ließe sich auch dann nicht rechtfertigen, wenn die gesetzlich gedrohte Strafe die schwerste wäre. Könnte doch gerade die drohende Untersuchungshaft den Unschuldigen und Gestellungsbereiten zur Flucht treiben. Daher wollte die Kommission den Abs. 2 § 112 gestrichen wissen. Wenn der Entwurf mit dem Vorbehalt folgte, daß Untersuchungshaft ohne weiteres verhängt werden darf, falls „nach den Umständen" voraussichtlich auf Tod oder Zuchthausstrafe oder andere Freiheitsstrafe von mehr als einem Jahr erkannt werden wird, so ist das schon um des darin liegenden ungehörigen Präjudizes willen verwerflich.

Es wird, auch der befürworteten Einschränkung der Untersuchungshaft unerachtet, nach obigem dabei bleiben, daß die vielleicht ganz unverschuldete Tatsache des Verdachts dem Beschuldigten Zwang und Nachteile zuziehen, die dem Gedanken einer durchgreifenden sogenannten Parteiengleichheit Hohn sprechen. Um so entschiedener muß man ablehnen jede Maßregel, die das natürliche Parteirecht, zu hören und gehört zu werden, sich zu verteidigen und verteidigen zu lassen, verkümmert. Damit legen wir den Finger auf tiefe Wunden unserer Rechtspflegeordnung.

VI.

Die Maxime für das auf die Ermittelung des Tatbestandes gerichtete Verhalten der Staatsorgane muß sein das lautere Suchen nach Wahrheit mit sorgfältigem Vermeiden aller unsauberen Mittel des Überlistens, des Bedrängens, des Zwanges, der Entwaffnung: also die Wahrheitsforschung nicht um jeden Preis und immer nur im Lichte der Erkenntnis, daß nicht jedes Verbrechen bestraft werden muß und kann, und daß der Freispruch des nicht genugsam Überführten für den Staat nicht nur läßlich, sondern gerecht, dagegen der gesetzliche Mißbrauch der Machtmittel zur Überführung des Beschuldigten, vielleicht Unschuldigen, eine Todsünde ist. Mit solchen Todsünden ist das Gewissen der Justiz vergangener Jahrhunderte erdrückend belastet; ich erinnere noch einmal an die Folter, an die Entbindung von der Instanz mangels ausreichenden Unschuldsbeweises, an die völlige Rechtlosigkeit des Inquisiten.

Da ist nun das zunächst zu lösende Problem der gerechten Struktur des Strafprozesses das richtige Abwägen der Doppelnatur des Beschuldigten als Wahrheitserforschungsmittel und als Partei, man kann sagen: als Objekt und Subjekt. An diesem Problem hat sich der gemeinrechtliche Prozeß verblutet; ihm war der Inkulpat nur Sache, nicht Person. Um klar zu sehen, hat man seine Eigenschaft als Beweismittel in ihrer Unabweisbarkeit und in ihrer durch die Parteieigenschaft bedingten Begrenzung festzuhalten.

Die Grenze liegt hier in dem Unterschied des Objektiven und Subjektiven. Jenes muß schlechthin dem Staat zugänglich sein, das Subjekt, die Persönlichkeit kann nicht nach einer Zweiseelentheorie dem Zwang unterworfen sein als Beweismittel und frei sein im Genusse der Parteirechte als Prozeßsubjekt. Hier ist Einheit und Unteilbarkeit: der Beschuldigte kann nur kraft eigener Entschließung Beweismittel sein. Konkreter gesprochen: sein Körper ist unentbehrliches Augenscheinsobjekt in seinen physischen und psychischen Eigenschaften. Er muß sich die Zwangsgestellung gefallen lassen, schon damit man seine Identität mit dem feststellen könne, den man in, vor oder nach der Tat gesehen hat, damit man die Spuren derselben an ihm untersuche, damit man seine Schuldfähigkeit durch Beobachtung seines Geisteszustandes ermittele. Darin ist er gleich der Sache oder der Person des Verletzten, in oder an der sich der inkriminierte Tatbestand verkörpert hat. Da ist er dem Auge des Gerichts unentziehbar. Da greift der Zwang in seine Parteirechte so wenig ein, wie seine Pflicht zur Lieferung anderer Augenscheinsobjekte oder Urkunden[1]. Ganz anders steht es mit dem Beschuldigten als Auskunftsperson, nicht als Gegenstand sinnlicher Wahrnehmung, mit dem Aufschluß seines eigenen Innern, dem Offenbaren seiner Wissenschaft.

Es ist ein oberstes Gesetz der Rechtspflege, daß die Partei nicht verpflichtet werden darf, gegen sich selbst zu zeugen. Es gibt für sie keine Wahrheitspflicht und es darf solche nicht geben,

---

[1] So läßt sich dann auch die Pflicht zur Selbstedition sub specie der Verpflichtung zur Lieferung gemeinschaftlicher Augenscheinsobjekte (documenta communia) im Zivilprozeß als Pflicht der Partei gegenüber dem Gegner begründen, — und so muß sie, in Ermangelung gesetzlicher Vorschrift, durch Analogieschluß aus der Urkundeneditionspflicht abgeleitet werden.

wenn man nicht in den Abgründen des alten gemeinrechtlichen Inquisitionsprozesses enden will. Wehe dem, der hier Moral und Recht verwechselt! Auf dem Gebiet des Zivilprozesses sind heute viele in solcher Irrung befangen. Sie reden mit der Wärme moralischer Entrüstung von Wahrheitspflicht und Verpönung der Prozeßlüge. Sie sehen nicht, daß doch auch im Zivilprozeß die Zeugnispflicht am eigenen Interesse ihre Grenze findet — und sie wollen, daß die Partei in Selbstverleugnung die Wahrheit sage, gegen sich selbst wüte. Das Sittengesetz fordert vom Schuldigen freiwilliges Bekenntnis und Buße. Das Rechtsgesetz kennt nicht einmal die Pflicht zur Aussage, geschweige denn die zur Wahrheit; und mit Zuchthaus bedroht es den, der "in einer Untersuchung Zwangsmittel anwendet oder anwenden läßt, um Geständnisse oder Aussagen zu erpressen" (StGB. § 343). Die "Vernehmung" soll daher auch dem Beschuldigten nur "Gelegenheit zur Beseitigung der gegen ihn vorliegenden Verdachtsgründe und zur Geltendmachung der zu seinen Gunsten sprechenden Tatsachen geben" (StPO. §§ 136, 242 Abs. 3). Man fragt ihn: "ob er etwas auf die Beschuldigung erwidern wolle". Es ist also sein gutes Recht, zu schweigen; er kann es ablehnen, sich als Auskunftsperson benutzen zu lassen. Andererseits ist seine Auskunft Beweismittel, und kaum in irgendeinem Punkte tritt der Gegensatz des Zivil- und Strafprozesses schärfer hervor als in diesem. Die Zivilparteien sagen nicht aus; sie behaupten; ihre Behauptungen sind Beweisthemata, nicht Beweismittel; es gilt der Satz "iudex iudicet secundum allegata et probata partium" oder auch "iudici fit probatio"; daher die Verteilung der Beweislast und der Beweise mit ihren künstlichen Prämissen und Schlußfolgerungen; daher die Feststellungskraft des Geständnisses. Nichts von alldem im Strafprozeß. Hier wird "untersucht" mit Ausnutzen aller Erkenntnisquellen. Im Mittelpunkt derselben steht die "corona probationum", das glaubwürdige Geständnis des Angeklagten, während die ihm günstige Selbstaussage zwar nicht aller Überzeugungskraft entbehrt, aber doch solche nur im

Zusammenhang mit den sonstigen entlastenden Umständen besitzt. Um so mehr ist Widerspruch zu erheben gegen jedes verstrickende Ausforschen und jeden psychischen Druck. Wie viel wird dagegen gefehlt! Hält doch der vernehmende Richter es oft recht eigentlich für seine Aufgabe, durch geschickte Fragen und Vorhalte, wohl auch durch Ermahnungen, Gewissensrührung und Hinweis auf Nachteile, die dem Inquisiten das hartnäckige Leugnen oder Schweigen, und umgekehrt auf Vorteile, die ihm das reumütige Geständnis bringen könnte, dieses herauszulocken. Hörten wir doch kürzlich noch aus dem Munde eines Vorsitzenden das Wort, er werde die schweigende Angeklagte schon zum Reden bringen. Und vernimmt nicht Untersuchungsrichter und Vorsitzender häufig in einem Ton, der kaum dem Überführten geschweige denn dem Beschuldigten gegenüber am Platz ist. Dabei hat man sich gegenwärtig zu halten, daß der Verhörte dem mit der Wucht der Obrigkeit handelnden Inquirenten nicht nur im Vorverfahren, sondern auch in der Hauptverhandlung preisgegeben ist, dort unter vier Augen, hier, weil niemand, auch nicht der Verteidiger, sich dazwischen stellen darf, man sogar dem Angeklagten verbietet, sich mit ihm vor der Antwort zu besprechen. Das sind Mißbräuche. Will man auch nicht so weit gehen, nach englischem Vorbild im Vorverfahren den Beschuldigten auf sein Recht zur Aussageweigerung und die Tragweite eines Geständnisses ausdrücklich hinzuweisen, so sollte man doch nicht die irrige Vorstellung einer Aussagepflicht täuschend ausnutzen. Hat man auch die Belastungsmomente zwecks Verteidigung oder die Entlastungsmomente zwecks Beurteilung der Glaubwürdigkeit eines Geständnisses vorzuhalten, so handelt man geradezu pflichtwidrig, wenn man durch Zureden oder Drohungen das Geständnis abzunötigen sucht. Insoweit gibt das Gesetz sicheren Boden. Die Parteistellung des Beschuldigten darf durch seine Eigenschaft als Auskunftsperson schlechterdings nicht verkümmert werden; ob er als solche dienen will, steht in seinem freien Belieben. Auf seine Parteirechte ist nunmehr einzugehen.

VII.

An erster Stelle steht das Recht zu hören. Man hat zu unterscheiden das Recht auf Akteneinsicht und auf Teilnahme an den prozessualen Vorgängen. Hierbei bleibt naturgemäß die Hauptverhandlung außer Betracht. Für sie gibt es gemäß ihrer heutigen kontradiktorischen Gestalt und Mündlichkeit keinerlei Heimlichkeit für keine Partei. Denn die Kautel des § 246 StPO. hat damit nichts zu tun. Eher kann man den Ausschluß des Angeklagten im Schwurgerichtsverfahren nach Übergabe der Fragen bis zur endgültigen „Kundgebung" des Wahrspruchs (StPO. §§ 301—313) eine ungerechte Heimlichkeit nennen; denn es sind nicht interne gerichtliche Dinge, die hier vorgehen, und das berechtigte Interesse des Angeklagten an der Kenntnis der „Kundgebung" und des Berichtigungsverfahrens liegt auf der Hand. Die engherzige Begrenzung des § 311 Abs. 2 StPO. entbehrt des hinreichenden Grundes.

Das Recht der Akteneinsicht kommt der Staatsanwaltschaft nach § 194 unumschränkt zu. Dem Beschuldigten dagegen sind die Akten schlechthin verschlossen. Für die staatsanwaltlichen erscheint das begreiflich; man kann dem Ankläger nicht zumuten, seine Karten dem Gegner aufzudecken. Anders steht es mit den richterlichen Akten, mögen sie solche der Voruntersuchung oder des ersuchten Richters sein. Hier ist die Heimlichkeit nur durch die erbliche Belastung mit inquisitorischen Vorurteilen zu erklären. Noch der berühmte canon „qualiter et quando" des IV. lateranensischen Konzils (cap. XXIV X de accusationibus V 1) sagt: „non solum dicta sed etiam nomina ipsa testium sunt ei (contra quem facienda est inquisitio), ut quid et a quo sit dictum appareat, publicanda"; erst der späteren Entartung des Inquisitionsprozesses war es vorbehalten, den Richter zu dem Prozeßtaktiker zu machen, der durch Hinterhaltigkeit den Verdächtigen fängt und überlistet. Und so ist's auch jetzt. Abgesehen von der Akteneinsicht des Verteidigers und dem Recht des Be=

schuldigten auf Anwesenheit bei gewissen Tatbestandserhebungen bleibt ihm das Untersuchungsmaterial in Dunkel gehüllt. Von der Verteidigung ist später die Rede, aber wie immer man sie behandelt, es gibt keinerlei Rechtfertigung dafür, daß man der Partei das ihr Wohl und Wehe betreffende richterliche Untersuchungsmaterial vorenthält. Die nachträgliche Parteiöffentlichkeit in der Hauptverhandlung und die Mitteilung der Anklageschrift (§ 199) vermögen das nicht wett zu machen. Und die formalen Bedenken gegen die Akteneinsicht bedeuten deshalb nichts, weil es sich nicht um solche im Wortsinn, sondern um die Eröffnung des Untersuchungsmaterials, gleichviel in welcher Form, handelt. Daher hat die Kommission für die Reform des Strafprozesses den weisen Vorschlag gemacht, daß im Ermittlungsverfahren die Staatsanwaltschaft vor Einreichung der Anklageschrift dem Beschuldigten die Gesamtheit der von ihr gesammelten Beweise zur Erklärung vorhalten soll, soweit es nicht schon bei seiner Vernehmung geschehen ist, und zweitens, daß das gleiche der Untersuchungsrichter vor dem Schluß der Voruntersuchung zu tun hat (Beschlüsse 125, 136). Aber man darf weiter gehen und die Akteneinsicht schlechthin dem Beschuldigten selbst, der die für den angemessenen Gebrauch dieses Rechts erforderlichen Eigenschaften besitzt und Garantien bietet, unter schützenden Kautelen gestatten. Man denke sich einen ehrenhaften, rechtskundigen Mann als Angeschuldigten! — Doch steht die Aktenöffentlichkeit, auch so gedacht, naturgemäß in zweiter Linie hinter der eigentlichen Parteiöffentlichkeit, dem Recht, den richterlichen Ermittelungshandlungen beizuwohnen.

Hier handelt es sich um ein zweifaches: das Recht zu hören und gehört zu werden; will sagen: auf die richtige und volle Ermittelung einzuwirken. Das Gesetz eröffnet solches Recht im Verfahren vor der Hauptverhandlung (§§ 167, 191 f., 222 f.). Der Beschuldigte darf der richterlichen Augenscheinnahme und den Vernehmungen von Zeugen und Sachverständigen beiwohnen, die in der Hauptverhandlung voraussichtlich nicht oder wegen großer Entfernung nur beschwerlich erscheinen können (§§ 191, 167).

Aber auch das nur mit Vorbehalt. Ist seine Benachrichtigung vom Termin — geladen wird er nicht — verzögerlich, so kann sie unterbleiben; und ist er nicht auf freiem Fuß, so hat er das Recht auf Anwesenheit nur, wenn der Termin an der Gerichtsstelle des Haftortes stattfindet. Vertagung wegen seiner Verhinderung kann er nicht beanspruchen. Ein Einfluß auf die Beweisaufnahme durch Anträge, Befragung u. dergl. steht ihm nicht zu. Und bei der unter Expertise stattfindenden Beaugenscheinigung darf er seine Sachverständigen bringen (§ 193). Wozu all dieser verkümmernde Kleinkram! Muß nicht, um zunächst bei § 193 stehen zu bleiben, das gleiche Recht dem Beschuldigten auch dann zugestanden werden, wenn gerichtliche Sachverständige der Zeugenvernehmung beiwohnen oder selbst vernommen werden? Und warum nicht die Anwesenheit oder doch das Recht auf sie, wenn sie nicht die Untersuchung unzulässig verzögert oder ihren Zweck (§ 192) gefährdet? Liegt sie doch im Interesse der Wahrheit und wird sie doch tatsächlich häufig durch Transport des inhaftierten Angeschuldigten an den Ort des Augenscheines erzwungen. — Es ist aber überhaupt nicht einzusehen, weshalb nur unter den Voraussetzungen des § 191 Abs. 2, § 222 der Vorgang dem Beschuldigten zugänglich sein und er im übrigen im Dunkeln tappen und seine Verteidigung erschwert werden soll. Will man nicht den Untersuchungsrichter zum Überführungsrichter machen, so muß man grundsätzlich die Parteiöffentlichkeit bei allen richterlichen Ermittelungshandlungen gestatten. Das hat mit bemerkenswerter Bestimmtheit die Kommission in ihrem einstimmig gefaßten Beschluß Nr. 138 zu § 191 gefordert: „es soll bestimmt werden, daß der Staatsanwaltschaft, dem Angeschuldigten und dem Verteidiger auf Verlangen die Anwesenheit bei der Vernehmung von Zeugen und Sachverständigen auch dann zu gestatten ist, wenn die in § 191 Abs. 2 bezeichneten besonderen Voraussetzungen nicht vorliegen," und: „die Staatsanwaltschaft, der Angeschuldigte und der Verteidiger sollen berechtigt sein, den Zeugen und Sachverständigen diejenigen Fragen vorlegen zu lassen, welche zur Aufklärung der Sache und der Verhältnisse der Zeugen und Sachverständigen dienlich sind. Über die Zulassung einer Frage soll der Untersuchungsrichter entscheiden; Beschwerde findet nicht statt"[1]. Das Gleiche soll (Beschluß Nr. 123 zu § 167) für die richterlichen Vernehmungen im Ermittelungsverfahren gelten. So auch der Entwurf § 168. Aber hier, wie im Kommissionsbeschluß ist auszusetzen, daß die Verklausulierung: „wenn nicht zu befürchten sei, daß der Untersuchungszweck gefährdet werde," geeignet ist, die „Gestattung" illusorisch zu machen. Muß man doch davon ohnedies bei voraussichtlich endgültiger Vernehmung (StPO. §§ 191, 222, 223) Abstand nehmen. Also fort mit dem ängstlichen Vorbehalt! Der Ausschluß des Beschuldigten, falls seine Anwesenheit die Aussagefreiheit des Zeugen beeinträchtigt (StPO. § 246, Entwurf § 168 Abs. 3), muß genügen. Taktische Bedenken, die Befürchtung, daß der anwesende Beschuldigte den Überführungsplan durchschauen und dadurch zu schlauen Gegenzügen veranlaßt werden könnte, haben keine Berechtigung. Stellt man sich auf den Standpunkt einer derartig erweiterten Parteiöffentlichkeit, so ergibt sich ohne weiteres die Aktenöffentlichkeit für alle von jener ergriffenen Untersuchungshandlungen.

VIII.

Besonderer Erörterung bedarf die Verteidigung. Das Recht, gehört zu werden, ist das elementarste Parteirecht, nur um seinetwillen besteht das Recht, zu hören. Der Beschuldigte muß jederzeit seine Anträge stellen dürfen und für seine Verteidigung das richterliche Ohr haben. Erst im Abwehrrecht kommt die Parteienstellung voll zum Ausdruck. Hier gibt es keinen bindenden Verzicht. Das Recht auf den Beistand eines rechtskundigen Verteidigers ist nur ein Ausfluß dieses Abwehrrechts und das naturgemäße Korrelat der Rechts- und Machtstellung des berufsmäßig geschulten Offizialanklägers. Aber Zulassen oder Aufzwingen einer

---

[1] Dazu die Protokolle der StP.Kommission, Bd. I 176 f., II 93 f.

Verteidigung hat mit der Struktur des Strafprozesses, dem Zweiparteienverhältnisse oder auch nur der Parteistellung des Beschuldigten nichts zu tun; zum mindesten wäre es ein starker Irrtum, hier einen logisch zwingenden ursächlichen Zusammenhang zu suchen. Diesem Irrtum ist Kries verfallen. Er sieht im Verteidiger einen Vertreter, der an Stelle des Beschuldigten rechtswirksam handele und, da die Person als Beweismittel unvertretbar sei, nur gedacht werden könne, soweit man den Beschuldigten als Prozeßsubjekt, als handelnde Partei gelten lasse. Damit wird der entscheidende Gesichtspunkt völlig verschoben. Der Verteidiger kann wohl zugleich Vertreter sein, aber an sich ist er Rechtsbeistand, Advokat, Fürsprech, nicht Anwalt. Und diesem seinem Wesen entspricht es ebensosehr, wenn er neben dem rechtlosen, zur Sache degradierten Inquisiten, als wenn er neben dem mit Parteirechten ausgerüsteten Angeklagten steht. Daher kennt ihn nicht weniger der formell und materiell inquisitorische, wie der formell akkusatorische Prozeß, und läßt sich dieser wie jener ohne Verteidiger denken. Durantis formuliert die allgemeine Regel „in inquisitione bene admittimus defensorem", die im kanonischen Inquisitionsprozeß und seiner Verbildung festgehalten wird. Die Carolina unterscheidet wohl Verfahren auf Anklage und von Amtswegen, aber gleichmäßig behandelt sie den Fürsprech in bezug auf seine Zulassung (Art. 88), die Erlaubnis seines Verkehrs mit dem Gefangenen (Art. 73, 14) und seine Aufgabe (Art. 90). Die gemeinrechtlichen Juristen fordern die Verteidigung in den schwersten Straffällen, und auch die auf der gemeinrechtlichen Grundlage ruhenden Prozeßgesetze regeln sie in weitem Umfang[1].

Demgegenüber bedeutet das französische Recht keinen erheblichen Fortschritt und erst in neuerer Zeit gelangt es zu sorgfältiger und freierer Behandlung der Verteidigung. Der englische

---

[1] Die Geschichte der Verteidigung harrt noch immer der exakten wissenschaftlichen Bearbeitung.

Prozeß zieht ihr keine Schranke, kennt aber nicht ihre Notwendigkeit. Ein innerer Zusammenhang der Vertretung und Verteidigung besteht nur insofern, als selbstverständlich zulässige Vertretungsmacht die Verteidigung einschließt. Im übrigen beweist der Ausschluß der ersteren bei Zulässigkeit der letzteren ihre völlige Unabhängigkeit voneinander. Überall, wo die Beweismittelqualität des Beschuldigten mitspricht, überall also, wo die „Untersuchung" sich indirekt gegen ihn richtet oder doch durch solche Mitwirkung gefördert werden kann, erfordert grundsätzlich das Verfahren seine Gegenwart. Daher grundsätzlich keine Vertretungsmöglichkeit in der Hauptverhandlung. Das Verfahren gegen Abwesenden oder Ausbleibenden oder vom Erscheinen Befreiten ist und bleibt eine Besonderheit, die nur durch die eigentümliche Sachlage gerechtfertigt werden kann. So steht es nach unserem geltenden Recht.

Es hat sich hiermit unwiderleglich ergeben, daß die Verteidigung nicht ein Produkt der Formalkonstruktion des Prozesses, insbesondere des Zweiparteienverhältnisses ist. Sie setzt wohl den Angegriffenen und insofern die „Partei" voraus, aber sie folgt nicht aus der formalen Parteienstellung, vielmehr entspringt sie im tiefsten Grunde der Erkenntnis, daß im Für und Wider, im Erschöpfen der Gründe zugunsten und zuungunsten der Beschuldigung am sichersten der Zweck der Untersuchung, die Wahrheit und das gerechte Urteil erreicht wird, und daß es nur erreicht wird, wenn das Für und Wider verschiedenen Funktionären zugewiesen ist. Letzteres aus demselben Grund, aus dem die Strafverfolgung und die Aburteilung verschiedenen Organen übertragen werden. Über die psychologische Inkompatibilität der einen und der anderen Tätigkeit darf das einheitliche Ziel der Gerechtigkeit nicht hinwegtäuschen. Und noch weniger berechtigt ist die Vorstellung, daß Staatsanwalt und Gericht, da sie allem einseitigen Parteiinteresse abgewendet nur der Gerechtigkeit dienen, eine formelle Verteidigung entbehrlich machen. Und das, so stark man auch in der Verteidigung einen objektiven Gerechtigkeitsdienst betonen mag. Wohl steht der Verteidiger im Gegensatz zum Vertreter unabhängig von den Weisungen des Beschuldigten, ist er berechtigt und verpflichtet zum Beistand wider dessen Willen, aber immer doch nur zum Beistand. Er arbeitet für, nie gegen den Verfolgten; er hat nie „schuldig" zu plädieren, wenn auch nicht „unschuldig" wider Wahrheit und Gewissen. Er ist Helfer und Vertrauensmann, daher unter Strafe zur Verschwiegenheit verbunden (StGB. § 300) und vom Zeugnis befreit (StPO. § 52 Nr. 2). Er ist Parteigehilfe, also in seinem Gerechtigkeitsdienst nie eigentlich objektiver, unparteiischer Funktionär des Gesetzes. Es kann ihm nicht beikommen, gleich dem Staatsanwalt, Beweise für und wider seinen Klienten zu sammeln, Anträge für und wider ihn zu stellen. So darf man sagen, daß erst im Verteidiger die berechtigten Abwehrinteressen des Beschuldigten wahrhaft frei werden; denn in ihm erscheint seine Parteirolle rein ohne die sie in der Person des Beschuldigten beeinträchtigende, ja mitunter erdrückende Beimischung der Eigenschaft als Beweismittel und eventuelles Vollstreckungsobjekt. So und nicht anders hat schon die Carolina die Stellung der Fürsprecher gedacht, wenn sie ihnen Art. 88 vorschreibt: „dieselben sollen bei jren eyden die gerechtigkeyt und warheyt auch die ordnung dieser unser satzung fürdern und durch keinerley geverlichkeyt mit wissen und willen verhindern oder verkern; das soll jn also durch den Richter bei jren pflichten bevohlen werden." Wäre die Verteidigung derart frei entwickelt schon im Inquisitionsprozeß von hohem und unerschöpflichem Wert gewesen, so ist sie es vollends heute. Nur sie vermag eine Art Waffengleichheit herzustellen zwischen dem mächtigen, rechtskundigen öffentlichen Ankläger und dem Verfolgten.

Im vorstehenden haben wir zugleich den Schlüssel für das Problem der Organisation der Verteidigung. Sie muß frei sein und doch die Gewähr der technischen und moralischen Befähigung, der Gerechtigkeit, Wahrheit und Loyalität bieten. Der nicht fern liegende Gedanke eines öffentlichen Verteidigungsamtes, das dem staatsanwaltlichen gegenübergestellt wird, ist undurchführbar. Hier ist, wie ich schon zeigte, kein wirklicher Parallelismus; der Verteidiger als rein objektiver Funktionär des Gesetzes ist nicht nur psychologisch, sondern auch grundsätzlich undenkbar. Ein Parallelismus wäre nur zu erreichen, wenn man dem Staatsanwalt die reine Anklagefunktion zuwiese. — Aber auch die Amtsstellung verträgt sich nicht mit des Verteidigers Aufgabe und Bestellung. Will man, wie das Bürgerliche Gesetzbuch es tut, jeden durch Staatsakt übertragenen und durch öffentliche Fürsorge bestimmten Pflichtenkreis ein „Amt" nennen, wie beispielsweise Vormundschaft oder Pflegschaft, so möchte man freilich zum mindesten dem bestellten Verteidiger ein Amt zuschreiben. Allein er wäre um deswillen noch nicht Beamter und es könnte an eine staatliche Organisation nicht gedacht werden. Endgültig aber scheitert solche Auffassung an der unumstößlich festzuhaltenden Ordnung der Verteidigerwahl, die der Verteidigerbestellung vorgeht und sie ausschließt. Sie scheitert daran, daß der Verteidiger Vertrauensmann des Beschuldigten sein soll. Mit einer staatsamtlichen Aufgabe bildete er nur ein neues Element zur Nullifizierung des Beschuldigten. Der Gedanke eines staatlich organisierten Verteidigungsamtes ist demnach schlechthin von der Hand zu weisen. Die Verteidigung muß eine ars liberalis sein und bleiben. Das ist der verständige Standpunkt unseres Rechts.

Aber mit der Freiheit allein ist es nicht getan. Die Heilsamkeit der Institution hängt ab von der oben geforderten Gewähr. Sie ist von entscheidender Bedeutung. Die Vertrauenswürdigkeit sowohl nach der Seite des Staates wie des Beschuldigten ergibt den Maßstab für den Wert der Verteidigung; das Mißtrauen von hier oder dort läßt sie verkümmern: in der Gesetzgebung durch karge Verwertung und ängstliche Einschränkung ihrer Rechte; in der Praxis durch Geringschätzung, schädliche Zurückhaltung des Beschuldigten und durch dem Verfahren höchst abträgliche Konflikte zwischen dem Verteidiger und den Staatsorganen. Darauf werde ich später eingehen.

Wie aber sichern wir uns die Vertrauenswürdigkeit? Nach geltendem Recht (§ 138 StPO.) lediglich dadurch, daß der Verteidiger Rechtsanwalt oder Rechtslehrer an deutscher Hochschule sein muß oder, wenn er es nicht ist, seine Wahl der Genehmigung des Gerichts bedarf und er im Falle notwendiger Verteidigung einen zweiten Verteidiger genannter Qualität neben sich haben muß; doch sind auch nicht als Richter angestellte Justizbeamte und „Rechtskundige", die die erste Justizprüfung bestanden haben, bestellbar (§ 144 Abs. 2). Dazu die Substitutionsbefugnis des § 139. Solches mag zur Übung der Referendare nützlich sein; aber mangels ihrer erforderlichen Schulung und Erfahrung ist es sachlich nicht gerechtfertigt; ein Angeklagter ist kein corpus vile, an dem man experimentieren darf. Im übrigen haben wir bei der bestehenden Organisation der Rechtsanwaltschaft alles nur von ihrer Selbsterziehung und Selbstzucht zu erwarten. Genügt das? Man wird rückhaltlos verneinen können und doch einräumen müssen, daß eine Abhilfe äußerst heikel ist. Wenn man, wie ich meine, die Rechtsanwaltsordnung in ihren Grundzügen intakt läßt, dann wird zunächst durch stärkere Spezialisierung und fachmännische Ausbildung eine leistungsfähigere Verteidigerschaft zu entwickeln sein. Dabei wäre von Wert, wenn der Staat in Verallgemeinerung des § 150 StPO. die Gebühren nicht nur des bestellten, sondern auch des Wahlverteidigers übernähme, wo immer die Verteidigung zweckentsprechend erscheint[1]. Es würde damit dem öffentlichen Interesse an der Verteidigung angemessen Rechnung getragen und die erforderliche wirtschaftliche Basis für die Ausbildung eines tüchtigen Verteidigerstandes gestärkt. — Die moralischen Eigenschaften einer ersprießlichen Verteidigung erwarten wir in erster Linie von der allgemeinen Ehrenhaftigkeit des Standes und seiner Selbstzucht. Aber jeder Kundige weiß, daß es damit allein nicht getan ist. Die Person des Rechtsanwalts kann gesetzlich unangreifbar sein und dennoch könnte eine gewisse Skrupellosigkeit oder auch falsche Auffassung der Aufgabe oder Übereifer ihn zu weit führen und der Sache schädlich werden.

---

[1] Die jetzige Beschränkung ist ohne jede innere Berechtigung.

Es liegt auf der Hand, daß hier mit der Selbstdisziplin nach den Vorschriften der Rechtsanwaltsordnung oder der Prozeßdisziplin nach GVG. § 180 nicht geholfen ist. Der folgerichtige Ausbau der Verteidigerstellung führt auf die Nothilfe durch gerichtliche Remotion. Ist der Verteidiger bestellt oder seine Wahl genehmigt, so erscheint es logisch begründet, daß der Bestellende oder Genehmigende, wenn er sich ersichtlich vergriffen hat, aus triftigem Grund die Bestellung muß zurückziehen können. Aber es handelt sich um Remotionsmöglichkeit auch beim Wahlverteidiger. Sie folgt aus Zweck und Wesen der Verteidigung und es stehen ihr keine durchschlagenden Gründe, weder aus Rücksicht auf den Anwaltsstand, noch auf die Parteirechte des Beschuldigten entgegen. Das Interesse des Anwaltsstandes erheischt nur, daß nicht ohne genügenden oder zwingenden Grund removiert wird, dagegen nicht, daß offenbar mißbräuchliche und den Stand kompromittierende Verteidigung fortgeführt wird. Man denke sich ein unerlaubtes Beeinflussen von Zeugen oder Sachverständigen, das Beseitigen von Augenscheinsobjekten, das Bestimmen des Angeklagten zu wahrheitswidrigem Leugnen. Rücksicht auf die Parteirechte ist schon deshalb bedeutungslos, weil Verteidigung nicht Vertretung ist, und das Recht der freien Wahl des Verteidigers ihre naturgemäße Korrektur erfährt, wenn dieser sich Dinge erlaubt, die mit der ordnungsmäßigen Erfüllung seiner Aufgabe unverträglich sind. Gewählter und bestellter Verteidiger müssen hierin gleichstehen. Selbstverständlich wären die Remotionsgründe gesetzlich festzustellen und Fürsorge für eine objektive Handhabung des Remotionsrechts zu treffen, denn der Gefahr eines Mißbrauches etwa ab irato oder zur Beseitigung unbequemer Verteidiger oder aus parteipolitischen Motiven ist zu begegnen. Dazu empfiehlt sich das Erfordernis der Einstimmigkeit des removierenden Gerichts und eine nicht suspensive Beschwerde an einen gemischten Gerichtshof, der beim Oberlandesgericht und in Reichsgerichtssachen beim Reichsgericht zu bilden wäre aus der gleichen Zahl von

Richtern und Anwälten unter dem Vorsitz eines Senats=
präsidenten[1].

Die Bewertung der Verteidigung zeigt sich in ihrer gesetz=
lichen Verwertung. Das geltende Recht schätzt sie, von offenbarem
Mißtrauen beseelt, niedrig genug ein. Bei allgemeiner Zulassung
kennen wir eine Verteidigung, die im Interesse gerechter Rechts=
pflege schlechthin geboten ist, so daß sie ohne Einfluß der Willkür
des Beschuldigten oder Diskretion des Gerichts für „notwendig"
erklärt wird. So nur in allen Schwurgerichts= und erstinstanz=
lichen Reichsgerichtssachen und in den landgerichtlichen dann,
wenn der Angeschuldigte taub oder stumm oder noch nicht sechzehn
Jahre alt ist (§ 140 Abs. 1, Abs. 2 Nr. 1). Dazu gesellt sich
§ 81 Abs. 2 StPO. Hier ist absoluter Verteidigungszwang[2],
wenn auch nicht notwendig amtliche gerichtliche Bestellung; bestellt
wird der Verteidiger nur, wenn er nicht gewählt wird (§ 140
Abs. 3). In Ermangelung des Verteidigers ist, wie aus § 145
erhellt, eine Hauptverhandlung unstatthaft. Aber das Gleiche
gilt, wie noch zu berühren ist, auch in anderen Fällen. Im
übrigen läßt uns das Gesetz sowohl über die Bedeutung der
„Notwendigkeit" der Verteidigung, wie über den Zeitpunkt ihres
Eintritts im unklaren; weder § 140 Abs. 3 noch § 142 geben
darüber genügenden Aufschluß. Am nächsten steht diesem not=
wendigen Verteidiger der nach § 141 von Amtswegen bestellte,
also aufgedrungene Verteidiger; doch ist er ein notwendiger des=
halb nicht, weil es auch ohne ihn geht. Das Gericht braucht
ihn nicht zu bestellen, und so auch dann nicht, wenn die Bestellung
beantragt ist. Dagegen spricht das Gesetz wiederum von Not=
wendigkeit im landgerichtlichen Verbrechensfall (§ 140 Abs. 2 Nr. 2),

---

[1] Erwägenswert erscheint die Frage, ob nicht dem Beschuldigten das
Recht zuzugestehen wäre, die Entfernung des bestellten Verteidigers wegen
Pflichtwidrigkeit oder Vertrauensunwürdigkeit zu fordern.

[2] Anders gedacht als der Anwaltszwang im Zivilprozeß. Er bedeutet
nur Ausschluß der Postulationsfähigkeit, also der Parteiaktivität, aber nicht
Ausschluß des Verfahrens gegen die Partei, die es unterläßt, sich den An=
walt zu bestellen.

obschon die Verteidigung vom Antrag abhängig, also insoweit nicht unerläßlich, oder nur zufolge dieses Antrag unerläßlich ist. Das alles ist ja unlogisch und unklar. Allein nicht diese technische Unvollkommenheit interessiert hier, sondern die Unzulänglichkeit, mit der die Verteidigung verwendet wird.

Man darf als geltendes Recht den Satz formulieren: die Verteidigung ist entbehrlich außer in den Fällen § 140 Abs. 1, Abs. 2 Nr. 1, denn in allen anderen Fällen kann sie im Einklang mit dem Gesetz fehlen, mag die Wahl oder Bestellung unterbleiben. Das ist nicht zu billigen. In Verallgemeinerung der Nr. 1 des Abs. 2 § 140 sollte die Verteidigung immer notwendig sein, sobald dem Beschuldigten die Fähigkeit zur angemessenen Wahrnehmung seiner berechtigten Interessen fehlt, insbesondere dann, wenn ihm solche durch Inhaftierung verschränkt wird. Denn durch nichts kann er hilfloser und mehr zur Sache in der Hand des Gerichtes werden, als durch die Untersuchungshaft. Der Entwurf der Strafprozeßordnung und die Beschlüsse der Kommission des Reichstags 1909/1911 haben dem in folgender Form Rechnung zu tragen gesucht: § 140 Abs. 2: „Ein Verteidiger soll bestellt werden, wenn der Beschuldigte infolge körperlicher oder geistiger Gebrechen, insbesondere weil er taub oder stumm ist, nicht befähigt erscheint, sich selbst zu verteidigen;" Abs. 3 (Komm.Entw.): „ein Verteidiger soll auch dann bestellt werden, wenn die Verteidigung des Beschuldigten nach Lage des Falles dadurch besonders erschwert erscheint, daß er sich nicht auf freiem Fuß befindet." Und das muß, wie in allen Fällen der notwendigen Verteidigung, rechtzeitig geschehen. Es genügt nicht, daß der Verteidiger, wie StPO. § 142 sagt, schon während des Vorverfahrens bestellt werden kann; er muß spätestens mit der Eröffnung der Voruntersuchung da sein, nach Lage der Sache schon vor der Erhebung der öffentlichen Klage[1]. Denn

---

[1] Entw. § 139 schreibt in Reichs- und Schwurgerichtsfällen die Bestellung „alsbald nach Eröffnung der Voruntersuchung" vor, während die Kommission die Anhängigkeit der Sache bei Gericht (vgl. § 174) als den

jeder amtliche Vorgang, der möglicherweise dem Verdächtigen abträglich ist, soll in die richtige Bahn gelenkt werden.

Ist nun die Verteidigung eine durch die Natur der Sache und demnach durch das öffentliche Interesse in vielen Fällen gebotene Ergänzung der Rechtsstellung der Partei, so darf sie nicht durch Ängstlichkeit und Mißtrauen verkümmert werden. Die Vertrauenswürdigkeit des Verteidigers ist nach Kräften zu erstreben, nicht das Mißtrauen gegen ihn zu legalisieren. Unser Gesetz aber ist ein Gesetz des Mißtrauens und der Ungerechtigkeit. Es übersieht völlig, daß es sich um Verteidigungspflichten, nicht nur um Verteidigungsrechte handelt.

Das Gesetz redet von dem, wozu der Verteidiger „befugt" sei, was ihm „gestattet" oder „zu gestatten" sei; aber nicht davon, was ihm obliegt. Und doch kommt es darauf an. Man erklärt die Verteidigung für „notwendig"; aber ob der mit ihr Betraute das zu ihr Notwendige tut, darum kümmert man sich nicht; da mag sich der Beschuldigte regen. Im Gegenteil, man empfindet es vielleicht angenehm, wenn der Verteidiger nicht eifrig Akteneinsicht begehrt oder wenn er sich bei Beweisaufnahmen vor der Hauptverhandlung nicht einstellt. Man läßt es genügen, wenn er seine Wissenschaft aus dieser schöpft und wünscht wohl gar, daß er nicht mit Beweisanträgen unbequem werde. Das widerspricht dem Geist des Gesetzes; es widerspricht dem Wesen der Verteidigung, mag sie notwendig sein oder nicht, der Verteidiger bestellt oder gewählt sein. Seine Rechte sind Pflichten. Er ist um der gerechten Rechtspflege willen, nicht, damit dem maßgebenden Willen des Beschuldigten oder gar des Verteidigers Genüge geleistet werde. Er soll sich auf jedwede legale Weise über den Sachverhalt informieren und nach seinen Kräften auf dessen Feststellung zugunsten des Klienten und auf entsprechende Entscheidung hinwirken. Darüber darf das Gesetz keinen Zweifel

---

maßgebenden Zeitpunkt behandelt. Entw. § 140 gestattet vor der Erhebung der öffentlichen Klage (Komm.Entw. vor der Anhängigkeit der Sache) die Bestellung.

lassen. Aber in welcher Form und mit welchen Mitteln hat das zu geschehen? Die etwaige zivile Haftung gegenüber dem Klienten ist praktisch nahezu bedeutungslos. Dagegen ist mit der Revokabilität der Wahl und der eventuellen Remotion wegen offenbarer Pflichtwidrigkeit zu rechnen. Ferner ist die imperative an die Stelle der permissiven Form zu setzen, wo es sich um sogenannte Verteidigungsrechte handelt. Der Verteidiger hat den Beweisaufnahmen des vorbereitenden Verfahrens beizuwohnen; er hat, wo immer es durch das Interesse der Verteidigung geboten erscheint, die Akten einzusehen, die erforderlichen Anträge zu stellen usw. Danach darf es in § 191 Abs. 5 nicht heißen: „auf die Verlegung eines Termins wegen Verhinderung hat der zur Anwesenheit berechtigte Verteidiger kein Recht," sondern: „die Verlegung eines Termins wegen Verhinderung darf nur unterbleiben, wenn es im Interesse der Untersuchung geboten erscheint." Und entsprechend muß in § 147 dem Gericht die Eröffnung der Akten von Amtswegen, dem Verteidiger deren Einsicht zur Pflicht gemacht werden. Schon diese Andeutungen zeigen, wie in ganz anderer Weise als bisher grundsätzlich die Verteidigung auszugestalten ist. Allein wichtiger noch ist die Erweiterung der Verteidigungsrechte.

Nichts ist, wenn man Verteidigung haben will, selbstverständlicher, als daß alles Belastungsmaterial, das ganze irgendwie erhebliche Ergebnis der Ermittlungen dem Verteidiger offen liegt. Wie weit sind wir davon entfernt! Während der Voruntersuchung besteht die Aktenöffentlichkeit für den Verteidiger nur nach dem Ermessen des Gerichts. Zwar soll ihm Einsicht in die gerichtlichen Untersuchungsakten gestattet sein, soweit „das ohne Gefährdung des Untersuchungszweckes geschehen kann" (§ 147 Abs. 2); allein das Kriterium ist völlig subjektiv. Ein Recht auf Einsicht ist nur in den Fällen des § 147 Abs. 3 gesichert. Im sonstigen Vorverfahren ist auch davon keine Rede; denn da gibt es wohl gerichtliche Untersuchungshandlungen, aber nur staatsanwaltliche, nicht gerichtliche Untersuchungsakten, selbst in den Fällen des § 164. Einen, wenn auch schwächlichen

Fortschritt wollte der Entwurf, wenn er ausnahmsweise die Einsicht in einzelne Aktenstücke zu versagen gestattete, falls sie den Untersuchungszweck gefährden könnte, während nur die Aktenstücke des § 147 Abs. 3 unterschiedslos offen gelegt sein sollten.

Im wesentlichen Gleiches befürwortete bereits die Expertenkommission, wennschon sie als entscheidend betonte die gefährdende Kenntnis des Angeschuldigten oder die Kenntnis des Verteidigers im Interesse desselben. Dabei ging man davon aus, daß der Anwalt seinem Klienten zur Mitteilung seiner Aktenkenntnis verbunden sei [1].

Das alles erscheint als ein atavistischer Rest unberechtigter inquisitorischer Taktik. Daß die staatsanwaltlichen Akten dem Beschuldigten und seinem Verteidiger verschlossen bleiben, so lange sie nicht zum Bestandteil der gerichtlichen geworden sind, wird dem, der die Parteieigenschaft des öffentlichen Klägers betont, ohne weiteres einleuchten. Wie aber kommt das Gericht zu so hinterhaltigem Verfahren? Heißt es nicht ausdrücklich, daß der vernehmende Richter dem Beschuldigten „Gelegenheit geben solle zur Beseitigung der gegen ihn vorliegenden Verdachtsgründe und zur Geltendmachung der zu seinen Gunsten sprechenden Tatsachen"? Kann das redlich und wahrhaft geschehen mit Verheimlichung der Belastungszeugen und ihrer Aussagen? Ich habe bereits oben darauf hingewiesen, wie selbst der kanonische Inquisitionsprozeß sich hier zu voller Offenheit bekennt. Und ist es nicht einer der berechtigtsten und schwersten Vorwürfe, die man gegen dessen Verbildung, den mittelalterlichen und gemeinrechtlichen Inquisitionsprozeß erhebt, daß er jene selbstverständliche Vorschrift preisgegeben oder doch bis zum Schluß des Verfahrens verschoben hat? — Niemand wird einer jederzeitigen Einsicht der Akten das Wort reden; sie muß mit dem Gang der Untersuchung verträglich sein. Aber das Unterdrücken gerichtlicher Vorgänge gegen-

---

[1] Die Aktenöffentlichkeit wurde auch im Ermittlungsverfahren für die gerichtlichen und polizeilichen Protokolle über die Vernehmungen des Beschuldigten und die Gutachten Sachverständiger befürwortet (Bd. I S. 126).

über dem Verteidiger kann durch nichts — auch nicht dadurch gerechtfertigt werden, daß es nicht definitiv erfolge, vielmehr mit dem Schluß der Voruntersuchung und im Hauptverfahren mit voller Offenheit verfahren werde. Das gerichtliche aktenmäßige Belastungsmaterial darf unter keinem Vorwand, auch in der Voruntersuchung nicht der Verteidigung vorenthalten werden.

Konform der Aktenheimlichkeit geht der Ausschluß der Verteidigung von gerichtlichen Untersuchungshandlungen; — nur gesellt sich hier zur Unkenntnis des Geschehenen die Unmöglichkeit der Einwirkung auf das Geschehen. Daß solche ausgeschlossen werden muß, wenn sie wider den Untersuchungszweck verstößt. versteht sich von selbst, aber das geltende Recht legt hier ohnedies den Verteidiger lahm. Es gibt für ihn ein Recht der Teilnahme nur bei der Augenscheinnahme (§§ 191 Abs. 1, 167) und der Vernehmung von Zeugen oder Sachverständigen, deren Erscheinen in der Hauptverhandlung voraussichtlich verhindert oder wegen großer Entfernung erschwert sein wird (§§ 191 Abs. 2, 167 f., 222), — und das ohne Unterschied, ob es sich um einen Belastungs- oder Entlastungszeugen handelt und wer die Vernehmung beantragt hat; ohne Rücksicht ferner darauf, ob durch die Teilnahme der Untersuchungszweck gefährdet wird. Tritt nun der Fall des § 250 Abs. 1 unvorhersehbar ein, so wird mit einem Beweisprotokolle gearbeitet, bei dessen Entstehung der Verteidiger ausgeschlossen war. Und welch tieferer Grund läßt sich überhaupt für die Unterscheidung von voraussichtlich definitiven und nur präparatorischen Vernehmungen im Vorverfahren anführen. Die letzteren sollen ihren Zweck doch nicht nur im Hauptverfahren, sondern auch vor demselben erfüllen. Der Entwurf § 168 gab nach dem Vorgang der Kommission für die Reform des Strafprozesses[1] dem Beschuldigten und dem Verteidiger das Recht, den richterlichen Vernehmungen der Zeugen und Sachverständigen beizuwohnen, "soweit nicht — aus aktenmäßig zu machenden Gründen —

---

[1] Vgl. Beschluß Nr. 134 zu § 191, Protokolle Bd. I S. 176 f., II S. 93.

zu befürchten ist, daß es den Zweck der Untersuchung gefährde", — und ohne diese Beschränkung, falls die Vernehmung voraussichtlich die endgültige ist. Dabei soll Parteiengleichheit herrschen, der Ausschluß des Beschuldigten und Verteidigers die des Staatsanwalts nach sich ziehen. Das Fragerecht wird gewahrt, § 192 StPO. bleibt unberührt. Gewiß ein unverkennbarer bedeutender Fortschritt. Denn erst solche Parteiöffentlichkeit zieht die Tätigkeit des Untersuchungsrichters ans Licht, stellt sie unter die unerläßliche Mitwirkung der Parteien und sichert die Verteidigung. Aber der hier wiederkehrende Vorbehalt: „soweit nicht zu befürchten ist, daß es den Zweck der Untersuchung gefährde", stellt alles wieder ins Ungewisse und zwar mit der Folge heterogenen Verfahrens, je nachdem der Untersuchungsrichter fürchtet oder nicht fürchtet. Das hat um so weniger Sinn, als bei der voraussichtlich endgültigen Vernehmung jenes Sicherheitsventil doch ausgeschaltet werden muß. Auch hier gilt es, mit der hinterhaltigen Prozeßtaktik endgültig zu brechen und ohne Furcht die Parteiöffentlichkeit einzuräumen.

Auch bei der Vernehmung des Beschuldigten, die jetzt den eigentlichen Burgfried der einseitigen, geheimen, inquisitorischen Tätigkeit des Richters bildet (StPO. §§ 190 Abs. 2, 167), muß die Anwesenheit des Verteidigers und dementsprechend des Staatsanwalts freigegeben werden, und nicht nur — wie der Entwurf § 167 will — nach dem Ermessen des Richters, sondern lediglich unter den Kautelen, die benachteiligende Einflüsse ausschließen. Es bedarf keiner Worte, daß es den Beteiligten freistehen muß, eine Unterredung mit dem Untersuchungsrichter unter vier Augen zu fordern; tatsächlich bleibt's bei solcher, wenn der Verteidiger fehlt. Der Ausschluß des Staatsanwalts und des Verteidigers muß ferner dem Richter gestattet sein, wenn von der einen oder anderen Seite störend in die Vernehmung eingegriffen wird oder die Annahme begründet erscheint, daß der Beschuldigte sich in ihrer Gegenwart nicht freimütig äußern werde. — Gleicherweise ist bei Zeugenvernehmungen der § 192 StPO. auf den Verteidiger entsprechend anzuwenden, alles unter Aktenöffentlichkeit der Vernehmungen des Beschuldigten und der Zeugen. Das pflichtwidrige, ordnungswidrige Verhalten des Verteidigers wird — ähnlich wie nach § 246 StPO. — der richterlichen Korrektur, gegebenenfalls durch Ausschluß von der Verhandlung zu unterwerfen sein: und pflichtwidrig wäre jeder Versuch einer Beeinflussung der Zeugen. Als ultimum remedium bleibt die Remotion wegen Vertrauensunwürdigkeit.

Zu der hiermit geforderten angemessenen Ausgestaltung der Verteidigerrechte gesellt sich die notwendige Reform der Grundsätze über seinen Verkehr mit dem Beschuldigten. Auf ihm ruhen schwere Schatten des traditionellen Mißtrauens. Zwar sagt § 148 Abs. 1 StPO., daß schriftlicher und mündlicher Verkehr des verhafteten Beschuldigten mit dem Verteidiger gestattet sei, allein die folgenden Bestimmungen (§ 148 Abs. 2 und 3) nehmen, was die allgemeine Regel gibt; denn vor dem Hauptverfahren kann der Richter den Schriftverkehr von seiner Einsicht in denselben abhängig machen und den Unterredungen, falls nicht lediglich wegen Fluchtverdachts verhaftet ist, eine Gerichtsperson beiordnen. Es ist bekannt, daß die Aussicht auf die Anwendung dieser Kontrollmaßregeln den Verkehr vor dem Hauptverfahren lähmt oder ausschließt. Und doch ist ohne ihn eine zweckentsprechende wirksame Verteidigung, insbesondere deren unerläßliche Vorbereitung für die Hauptverhandlung in vielen Fällen unmöglich, — zumal die Untersuchungshaft dem Beschuldigten die Hände bindet. Und welch ein Widerspruch: das Gesetz erklärt — im Interesse der Rechtspflege — die Verteidigung für notwendig, bestimmt die für sie geeigneten Personen und lähmt sie zugleich durch seine vom Mißtrauen diktierten Vorsichtsmaßregeln. Es muß unumwundenes Vertrauen des Beschuldigten zum Verteidiger wünschen und schließt solches durch jene Kautelen aus. Wenn auch vereinzelt der freie Verkehr zu Durchstechereien und Kollusionen führen sollte, so wäre solch Übel unvergleichlich leichter zu tragen, als der Verderb der Verteidigung durch unbegründete Ängstlichkeit. Man schreckt die vertrauenswürdigsten Elemente des Anwaltstandes von der Verteidigung zurück, statt sie durch Vertrauen heranzuziehen. Man erschwert die Feststellung der Wahrheit, statt sie zu fördern. Man übersieht, daß die Freiheit des Verkehrs mit dem Verteidiger das einzige Mittel ist, um die Härte der nicht selten grundlosen Untersuchungshaft einigermaßen auszugleichen. Man vergißt, daß das Bestreben, jede denkbare Vereitelung der Strafverfolgung auszuschließen, den Verderb des gemeinrechtlichen Prozesses verursacht hat. Gegen eklatante Mißbräuche hilft der Widerruf der Genehmigung und die Remotion des Verteidigers.

Auf Grund derartiger Erwägungen hatte die Expertenkommission nach längerem Meinungsstreit und anfänglicher Ablehnung sich zu § 148 dahin schlüssig gemacht: es solle schriftlicher und mündlicher Verkehr — unter Wegfall der Absätze 2 und 3 § 148 — unbeschränkt sein mit der Maßgabe, daß vor der Anordnung der Hauptverhandlung schriftliche Mitteilungen dem Richter oder Gefängnisvorstand persönlich übergeben oder mit einem Begleitschreiben des Verteidigers übersendet werden müssen. Auffallenderweise machte der Entwurf die alten Vorbehalte unter der Voraussetzung tatsächlich begründeter „Annahme, daß der Beschuldigte den Verkehr mit dem Verteidiger mißbrauche, um durch Vernichtung von Spuren der Tat und durch Beeinflussung von Zeugen oder Mitschuldigen die Ermittlung der Wahrheit zu erschweren". Aber angesichts solchen Mißbrauches wird der Verteidiger entweder zum Begünstiger und muß dann rücksichtslos removiert werden oder er widersteht und tut seine Pflicht, indem er jedes solches Ansinnen zurückweist oder das auf eine Anstiftung berechnete Schriftstück dem Gericht übergibt. In dem einen wie in dem anderen Falle bedarf es keinerlei Überwachung des Verkehrs. Also gebe man ihn frei und laufe um des Segens ungehemmter Verteidigung willen die Gefahr vereinzelten Mißbrauchs. Ihm begegnet man am sichersten und heilsamsten, wenn man, wie ausgeführt, mit allen Kräften die Vertrauenswürdigkeit des Verteidigerstandes erstrebt.

Printed by Libri Plureos GmbH
in Hamburg, Germany